BEI GRIN MACHT SICH IHR
WISSEN BEZAHLT

- Wir veröffentlichen Ihre Hausarbeit,
  Bachelor- und Masterarbeit

- Ihr eigenes eBook und Buch -
  weltweit in allen wichtigen Shops

- Verdienen Sie an jedem Verkauf

Jetzt bei www.GRIN.com hochladen
und kostenlos publizieren

Max Korbmacher

Der Einfluss des Migrationshintergrundes auf Bildungs-
chancen in Deutschland

GRIN Verlag

Bibliografische Information der Deutschen Nationalbibliothek:

Die Deutsche Bibliothek verzeichnet diese Publikation in der Deutschen National-
bibliografie; detaillierte bibliografische Daten sind im Internet über http://dnb.d-
nb.de/ abrufbar.

Impressum:

Copyright © 2014 GRIN Verlag GmbH
Druck und Bindung: Books on Demand GmbH, Norderstedt Germany
ISBN: 978-3-656-91802-8

Dieses Buch bei GRIN:

http://www.grin.com/de/e-book/294152/der-einfluss-des-migrationshintergrundes-
auf-bildungschancen-in-deutschland

GRIN - Your knowledge has value

Der GRIN Verlag publiziert seit 1998 wissenschaftliche Arbeiten von Studenten, Hochschullehrern und anderen Akademikern als eBook und gedrucktes Buch. Die Verlagswebsite www.grin.com ist die ideale Plattform zur Veröffentlichung von Hausarbeiten, Abschlussarbeiten, wissenschaftlichen Aufsätzen, Dissertationen und Fachbüchern.

Besuchen Sie uns im Internet:

http://www.grin.com/

http://www.facebook.com/grincom

http://www.twitter.com/grin_com

Universität Bremen   17.03.2014

Fachbereich 8 - Soziologie

Wintersemester 2013/14

Hausarbeit zum Seminar „Ursachen und Folgen sozialer Ungleichheit"

Der Einfluss des Migrationshintergrundes auf Bildungschancen in Deutschland

Korbmacher, Max BA-Soziologie

1. Fachsemester

1

Gliederung

1. Einleitung

In der heutigen (Informations-)Gesellschaft nimmt Bildung, beispielsweise in Form von „Humankapital", oder „institutionalisiertem kulturellen Kapital" einen immer höheren Stellenwert für deren Mitglieder ein (Huinink 2008: 113). Dies geschieht durch den Wandel des Arbeitsmarktes, welcher sich u.a. durch höhere Anforderungen an die Bildung der Angestellten und (auch) einer, daraus folgenden, höheren Bildung der Gesellschaft präsentiert (Collins 1971: 1004). Dabei hat die Heterogenität einer Gesellschaft auch einen bestimmten Einfluss auf den Bildungserfolg der Akteure.

Soziale Ungleichheit beruht besonders stark auf ihrer ökonomischen Dimension, deren Merkmale nach Huinink (Aus-)Bildung und Wissen, sowie Einkommen, Vermögen und materiellen Besitz darstellen.

Messbar ist die Ungleichheit in einer Gesellschaft besonders gut am Einkommen der Bevölkerung. Klar ist jedoch, dass dieses nicht allein ausschlaggebend sein kann für die soziale Vererbung und Reproduktion (Berger, Hank, Tölke 2011: 283). Die Bildung erscheint mir als wichtigstes Ungleichheitsmerkmal, um einen sozialen Aufstieg zu bestehen, da sie soziale Mobilität ermöglicht. Also ist auch der sozialen, neben der wohlfahrtsstaatlichen und der emanzipatorischen Dimension, eine angemessene Bedeutung für das Erreichen von begehrten Statuspositionen in einer Gesellschaft beizumessen. Deren Merkmale sind soziale Beziehungen, Machtstellung und sozialer Einfluss, Diskriminierung und Privilegien und soziales Prestige (Huinink 2008: 108-109), die sich auch klar auf die Chancen auf das Erreichen einer Statusposition auswirken.

Circa ein fünftel der deutschen Bevölkerung hat einen Migrationshintergrund. In Zukunft wird diese sozialstrukturelle Gruppe einen noch stärkeren Teil der Bevölkerung darstellen und doch sind die Lebensverhältnisse und somit -lagen (Huinink 2008:104-105) nicht an die der Bürgern ohne Migrationshintergrund angeglichen (Matzner 2012: 35-36).

Aufkommende Fragen sind nun: „Wodurch wird Bildungs- und (dadurch bedingter) Erwerbserfolg hauptsächlich bestimmt?" und „Welchen Einfluss hat hierbei der Migrationshintergrund?". Gibt es tatsächlich einen direkten Zusammenhang zwischen Migrationshintergrund und Bildungschancen, oder ist es ein allgemeinerer, nämlich der, der sozialen Herkunft und den Bildungschancen (Schlicht 2010: 38)? Die Hausarbeit soll für diese Konstellation(-en) zuerst theoretische und dann praktische Erklärungsansätze finden und darstellen.

2. Gesellschaftstheorien und Theorien sozialer Ungleichheit

Dass Bildungsungleichheit besteht, ist nicht zu negieren, da sie offensichtlich in der Gesellschaft erkennbar ist. Dies ist z.b. durch die Verteilung der unterschiedlichen Arten von (Hoch-)Schul- und Ausbildungsabschlüssen messbar, wobei bemerkbar wird, dass es zu einer „Benachteiligung ausländischer Kinder im [deutschen] Bildunssystem [kommt]" (Huinink 2008: 153). Äußern tut sich die Bildungsungleichheit für das Individuum meist in dem (unterschiedlichen) Erreichen bestimmter Statuspositionen, welche sowohl vom Wirtschaftssystem beeinflusst werden, genauso jedoch auch Auswirkungen auf das Erreichen von Statuspositionen haben können, die sich in dessen Wandel zeigen. Sichtbar wird dies u.a. durch den Wandel der Beschäftigungsformen. Herzog-Stein, Keller, Seifert stellten beispielsweise eine Zunahme von atypischen Beschäftigungsformen (befristete und Teilzeitbeschäftigte, Mini-und Midi-Jobber und Leiharbeiter) zwischen 1991 und 2009 fest (Grafik siehe Anhang). Hierfür gibt es mehrere Erklärungsansätze, welche auf die Folgen der Ökonomisierung aller Lebensbereiche und die größere Wichtigkeit von Sozial- und Humankapital hinweisen (Herzog-Stein, Keller, Seifert 2009: 3-14).

Durch soziale Vererbung (Weitergabe der sozialen Lage, wobei sich die soziale Lage nach Huinink aus der „Gesamtheit der sozialstrukturellen Merkmale der Lebenslage [(Gesamtheit der Lebens- und Handlungsbedingungen in der Gesellschaft)] zusammensetzt" (Huinink 2008: 191)) können (Bildungs-)Ungleichheiten über Generationen reproduziert werden (Huinink 2008: 104, 191-194).

Von verschiedenen Theoretikern werden das Möglichwerden von Gesellschaft, das Verhältnis vom Individuum zu solcher und andersherum, die Auswirkungen von Statusinkonsistenzen in den einzelnen Dimensionen sozialer Ungleichheit, sowie der Wandel der Gesellschaft unterschiedlich betrachtet.

Durch immer wiederkehrendes Unterscheiden (in der Soziologie) zwischen strukturellen und individuellen Begründungen werden im Folgenden Ansätze gezeigt, die einen Versuch darstellen soziale Ungleichheit und die Auswirkungen solcher auf die Gesellschaft und das Individuum, unter Beachtung beider Standpunkte, darzustellen. Anschließend sollen Theorien gezeigt werden, die auf den aufgeführten Ansätzen aufbauend sich mit Bildungsungleichheit beschäftigen.

2.1 Gesellschaftstheoretische Ansätze und Ungleichheitstheorien

Parsons lieferte einen, u.a. auf den Erkenntnissen Webers, Freuds und Dahrendorfs aufbauenden, strukturalistischen Ansatz, nach dem Gesellschaft in Systemen funktioniert, bei denen zwischen Organismus, Persönlichkeits-, Sozialsystem und kulturellem System unterschieden wird (Systeme mit Subsystemen, Funktionen, einem bestimmten Ziel und einer Struktur, sowie dem Bestreben des Erhaltens eines bestimmten Gleichgewichts). Die Akteure interagieren als Teil eines solchen. Dabei ist die freiwillige Einsicht der Notwendigkeit des Systems auch als Motivation wichtig, die das Individuum in der Sozialisation durch das Erlernen von Rolle und Normen internalisiert. Die Institutionalisierung in der Gesellschaft und die, in ihr stattfindenden, Handlungen setzen bestimmte Motivationsanreize. Dabei wird soziales Handeln durch einen gemeinsamen Sinn orientiert. (Abels 2001 A: 116 – 120, 201)

Auf Parsons Strukturalismus aufbauend wurde von Davis und Moore 1973 ein Versuch unternommen die „funktionale Notwendigkeit sozialer Ungleichheit (sozialer Schichtung in einer arbeitsteiligen Gesellschaft zu belegen" (Huinink 2008: 163).

Die soziale Ungleichheit schafft nach der Argumentation der funktionalistischen Ansätze eine Struktur, die Anreize zum Besetzen aller Positionen mit entsprechend qualifizierten Personen setzt und die Positionsbesetzung sichert. Außerdem wird eine Ordnung der sozialen Positionen hergestellt, die nach der Wichtigkeit der sozialen Position für die gesellschaftliche Wohlfahrts(re)produktion und die, von der Position abhängigen, Qualifikationen beurteilen soll. Der Rang der sozialen Position steht in direktem Zusammenhang mit der Größe der Belohnung (Huinink 2008: 164).

Problematisch ist hierbei die „Annahme der meritokratischen Struktur des Entlohnungssystems" (Huinink 2008: 165), da sie keine Erklärungen für die Abweichungen von vermuteten leistungsbezogenen Statuszuweisungen bietet. Auch ist nicht richtig, dass die höchste gesellschaftliche Position zwangsläufig zu den höchsten gesellschaftlichen Privilegien führt (Huinink 2008: 165).

Bei Parsons wird von Strukturen ausgegangen, die das Individuum nachhaltig beeinflussen. Doch nicht nur die Strukturen beeinflussen das Individuum, auch die Individuen können die Strukturen beeinflussen.

An dieser Stelle möchte ich auf das „Mehrebenenmodell nach Coleman" (Huinink 2008: 35) und damit auf die dort aufgezeigten Mikro-Makro-Interdependenzen in einer Gesellschaft verweisen. Hier wird soziales Handeln durch „objektiv vorgegebene Rahmenbedingungen [...], die (unter anderem) durch soziologische Tatbestände und

Merkmale der Sozialstruktur gekennzeichnet sind" (Huinink 2008: 35) beeinflusst, da sie Opportunitäten und Restriktionen für die Handlungsmöglichkeiten der Akteure beinhalten. Trotzdem kann der Akteur (u.a. in seiner psychosozialen Disposition begründet (Huinink 2008: 37)) durch eine individuelle Auswahl von Alternativen sozialen Handelns Handlungsfolgen verursachen, die Auswirkungen auf die Strukturen einer Gesellschaft haben (Huinink 2008: 35).

Abbildung 2.1.1 – Mehrebenenmodell nach Coleman (Colemansche Wanne)

Grundschema der Erklärenden Soziologie

Die Erklärung kollektiver Regelmäßigkeiten

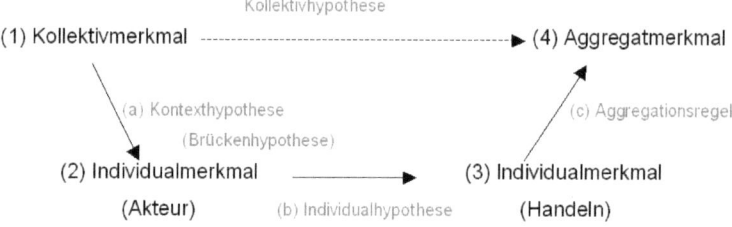

Quelle: Wikipedia 2014

Luhmann erweiterte den weit gefassten Ansatz Parsons mit einer Spezialisierung auf die moderne Gesellschaft und sprach nicht mehr von Strukturfunktionalismus, sondern von einem Funktionalstrukturalismus. Auch war sein Systemverständnis (Interaktions-, Organisations- und Gesellschaftssysteme (Treibel 2006: 37)) ein anderes gegenüber dem von Parsons (mit gesamtgesellschaftlich geteiltem Wertesystem), dessen Ordnung nicht durch Ränge, sondern Funktionen bestimmt wird. Deshalb kam es Luhmann nicht darauf an „welche Strukturen ein System hat und welche Leistungen für sein Erhalt zwingend sind, sondern darauf, in welchem Verhältnis Systeme zueinander stehen, wie sie funktionieren" (Treibel 2006: 31). Dies kommt dadurch, dass Luhmann der Gesellschaft 2 Haupteigenschaften zusprach, nämlich ihre übermäßige Komplexität (als Gesamtheit von Opportunitäten und Restriktionen in der modernen Gesellschaft, durch deren Zunahme es gesellschaftliche Hauptaufgabe ist diese Komplexität zu reduzieren) und die wachsende funktionale Differenzierung (Ausbau von Subsystemen der Gesellschaft, Autopoiesis, Inklusion und Exklusion). Kommunikation gestaltet die sozialen Systeme, welche durch die Handlungen mehrerer möglich werden (Treibel 2006: 27-44).

Marx sprach von einem Klassensystem, welches in Proletariat und Bourgeoise, also Arbeiterklasse und Kapitalisten unterteilt ist. Die Kapitalisten beuten die Arbeiter durch das Schaffen (durch die Veredlung von Gütern) eines Mehrwerts aus den Produktionsverhältnissen aus, indem sie ihre eigenen Eigentumsverhältnisse auf Kosten des Proletariats verbessern. Durch die ökonomisch geformte Sozialstruktur werden die Machtpositionen in der Gesellschaft durch ebendiese Eigentumsverhältnisse bestimmt (Huinink 2008: 161-162, Abels 2001 A: 269-270).

Für Max Weber ist diese ökonomische Dimension sozialer Ungleichheit eine Erklärung für die Ordnung der Gesellschaft, jedoch schon daraus, wie Weber die einzelnen Handlungsarten (affektiv und traditionell, wert- und zweckrational (Abels 2001 B:129-130, Agulla 1964: 81-82)) definiert, wird deutlich, dass eine einzelne Dimension sozialer Ungleichheit, oder Kapitalformen (nach Bourdieu neben dem ökonomischen auch soziales und kulturelles Kapital (Huinink 2008: 170-171)) als Erklärung für soziale Ungleichheit nicht ausreichen kann (Abels 2001 A: 271). Auch postulierte Weber, neben den sozialen Ständen, ein Modell von sozialen Klassen, untergliedert in Arbeiterschaft, Kleinbürgertum, besitzlose Intelligenz und Fachgeschultheit, sowie Besitzende und durch Bildung Privilegierte und durch eine geringe soziale Mobilität zwischen den Klassen definiert war (Huinink 2008: 182-184).

Geiger war prägend für den Schichtungsbegriff, der den Überbegriff zu den vorhandenen Konzepten, zur Beschreibung der „Struktur sozialer Ungleichheit (Klassen, Kasten, soziale Schichten, etc.)" (Huinink 2008: 177, 186), darstellt. Die Individuen haben, nach Geiger eine bestimmte soziale Lagerung, ihre sozialstrukturelle Position wird durch Schichtdeterminaten beeinflusst und jede Schicht hat auch eine bestimmte Schichtmentalität (Huinink 2008: 177-178).

Mit dem Anwachsen der Komplexität sozialer Ungleichheitsstrukturen wurden auch die bestehenden Modelle ausdifferenziert. Bourdieu lieferte mit seiner Theorie „einen wichtigen Beitrag für die moderne Milieu- und Lebenslaufforschung" (Huinink 2008: 171), auch wenn bei ihm noch der Klassenbegriff fiel. Von der Sinus Forschungsgruppe wurden 2007 die Sinus-Milieus (für Deutschland) entwickelt, die an der sozialen Lage und der Grundorientierung festhalten (Huinink 2008: 194-197).

Es kann in der Soziologie, bei der Erklärung des Möglichwerdens von Gesellschaft, auf meinen Erfahrungen aufbauend, zwischen Strukturalismus und Individualismus entschieden werden, wobei die Mischform die beste Lösung ist, um Probleme differenziert genug betrachten zu können.

Es fällt auf, dass es zahlreiche Versuche gibt, soziale Ungleichheit zu erklären und die zugehörigen Modelle neben ihrer Ausdifferenzierung immer individualistischer in ihrer Betrachtung werden. Bis zum Schichtmodell scheint die wichtigste Dimension sozialer Ungleichheit die ökonomische gewesen zu sein. Dagegen wirkt das Milieu- und Lebensstilkonzept in Ansätzen postmaterialistisch. Im Folgenden sollen weitere Theorien folgen, die sich explizit mit der Verteilung von Bildung (und den Chancen auf eine solche) beschäftigen.

2.2 Bildungsschichtung und Bildungsklassen (Collins, Goldthorpe)

Um mit den, im vorangegangenen Kapitel erwähnten Theorien an das Thema Bildungsschichtung und –klassen anzuknüpfen, muss erst einmal die Frage gestellt werden, welche Bedeutung Bildung überhaupt in der deutschen Gesellschaft hat. Hierzu erwähnt Collins beispielsweise in seinem Journal-Artikel „Functional and Conflict Theories of Educational Stratification": „[...] the number of years of education is a strong determinant of ocupational achievement in America with social origins constant."(Collins 1971: 1003). Die Anzahl der Jahre, die in Bildung investiert wurde, ist also eine wichtige Determinante für das Erreichen einer Statusposition, bzw. beruflichen Erfolg in der US-amerikanischen Gesellschaft. Problematisch ist hierbei, dass nach Collins, in den U.S.A., ihre Wichtigkeit für den Berufserfolg (Erreichen von Statuspositionen, berufliche Leistung und Errungenschaften) mit der, der sozialen Herkunft konstant ist.

Die soziale Herkunft wirkt sich nach Collins auf die Bildungsleistung und dementsprechend auch nach dem Abschließen der (Aus-/Weiter-)Bildungszeit auf den Berufserfolg aus. Außerdem ist Bildung nach Collins ein Standard geworden, um Arbeitnehmer für eine bestimmte Stelle auszuwählen (Collins 1971: 1015). Berufliche Errungenschaften sind auch stark von der Prominenz und Art - „Business administration schools represent such an effort." (Collins 1971: 1007) - der besuchten Bildungseinrichtungen abhängig (Collins 1971: 1003). Hier werden Ansätze zu einer, hauptsächlich aus der ökonomischen Dimension sozialer Ungleichheit hervorgehenden „sozialen Schließung" (Huinink 2008: 216) deutlich.

25 Jahre später sprach Goldthorpe von einem Wandel des Arbeitsmarktes (besonders stark in den letzten hundert Jahren) und der Entwicklung hin zur Informationsgesellschaft, was zu höheren Anforderungen an die Bildung von Arbeitnehmern und dadurch auch zu einer höheren Bildung der Bevölkerung führt (Goldthorpe 1996: 487). Die Ursache liegt nach Weber in der Bürokratie (da Bildung in Statusgruppen als Zeichen einer Gruppenzugehörigkeit übergeben wird, nicht als Zeichen technischer Fähigkeit oder Errungenschaft). Nach der funktional-technischen Theorie liegen die Ursachen (welche sich auch gegenseitig beeinflussen) im technischen Fortschritt, dem Verbinden von Bildung mit höheren Statuspositionen (seit der Kolonialisierung), politischer Dezentralisierung, Seperation von Kirche und Staat, Wettbewerb

zwischen den Religionen und Statuskulturen und dem darin begründeten Entstehen verschiedener Bildungseinrichtungen (Collins 1971: 1014). Dies führt zu immer längeren Ausbildungszeiten, sowie in der proportionale Abnahme von Arbeitsplätzen mit niedrigen Bildungsanforderungen, im Vergleich zu solchen mit hohen. Bei der funktionalistischen Betrachtung stellt sich nun die Frage, ob formale Bildung geforderte Fähigkeiten für bestimmte Arbeitsplätze liefert, was an sich eine größere Chancengleichheit ermöglichen würde. Festgestellt wird jedoch u.a. auch, dass die Produktivität besser ausgebildeter Angestellter nicht unbedingt höher, sondern u.U. sogar geringer ist. Sprachliche Fähigkeiten, die in der Schule erlernt werden spielen eine enorm wichtige Rolle. Eine technisch-funktionale Theorie der Bildung gibt jedoch nach Collins keine adäquate Beschreibung dafür, dass es jenseits der „Massenbildung" keine klare Verteilung von Bildung zu ökonomischer Entwicklung gibt und die Proportionsveränderungen von Jobs mit hohen und niedrigen Fähigkeitsanforderungen keine starke Auswirkung auf den Bildungsanstieg der (amerikanischen) Arbeitskräfte hat (Collins 1971: 1004 - 1009).

Nach Dill (1962), sowie March und Simon (1958) neigen Arbeitnehmer zu unpräzisen Konzepten von Arbeitsanforderungen für bestehende Positionen. Meist stellt das zufrieden, was gerade genug ist, außer die Leistung fällt unter die Minimalanforderungen. Dann werden Änderungen in (beispielsweise Auswahl-) Prozessen und dem Personal vorgenommen, was auch zu einer Erhöhung der Bildungsanforderungen führen kann. Bei der eher subjektiven Auswahl von Arbeitskräften spielen die soziale Herkunft (nach Bourdieu Habitus und einhergehende Doxa (Böhlke/Rilling 2007: 58)), damit einhergehende Ausprägungen der Determinanten und Dimensionen sozialer Ungleichheit (nach Collins sind in den U.S.A. besonders Name, Akzent, Dress, Benehmen/Manieren und die Konversationsfähigkeit wichtig) und der Grad der sozialen Schließung eine Rolle. Coleman spricht sogar von einer Wichtigkeit der sozialen Schließung für die Existenz effektiver Normen und einer Form von Sozialkapital, die er „trustworthiness of social structures that allows the proliferation of obligations and expectations" (Coleman 1988: 107-108), also die Glaubwürdigkeit der Sozialstrukturen der Gesellschaft und sich daraus erschließenden Vermehrung von Obligationen und Erwartungen nennt.

Ansätze sozialer Schließung zeigt das modifizierte funktionale Modell von Goode auf. Dort wird beschrieben, dass Arbeitsgruppen sich organisieren, um ihre Mitglieder davor zu schützen, von den Produktionsstandards Außenstehender beurteilt zu werden und dass dieser Selbstschutz funktional für die Organisationen ist, die dem hobbesianistischen Wettbewerb und Misstrauen aller gegen aller vorbeugen. Allgemein ging auch Weber von zugeschriebenen Gruppen als Grundlage für die Auswahl in allen Organisationen aus, wobei technische Fähigkeiten zweitrangig sind (Collins 1971: 1007-1009). Daraus postulierte Collins die Statusgruppen als einen Hauptpunkt für die Konflikttheorie der Bildungsschichtung. Diese beziehen sich auf die soziale Klasse und Ethnizität, sie tendieren zum Besetzen verschiedener Beschäftigungspositionen durch Organisationen und führen nach Dalton (1959) und Crozier (1964) dadurch zu einem Machtkampf: „occupants of different organisational positions struggle over power" (Collins 1971: 1011).

Außerdem ging Collins von einem vorteilsbezogenem Wettbewerb aus, der sich um Gesellschaftsgüter, wie „wealth, power, prestige" (Collins 1971: 1009) dreht und in komplexeren Gesellschaften zwischen Statusgruppen mithilfe von Organisationen ausgetragen wird. Des Weiteren wird Bildung als Statuskultur definiert, die in der Schule vermittelt wird. Dabei ist technisches Wissen (siehe Weber) zweitrangig und es kommt eher auf Vokabular, Tonfall, Kleidungsstil, ästhetischen Geschmack, Werte und Manieren an, ähnlich den genannten, für das Erreichen einer bestimmten Arbeitsstelle wichtigen Merkmalen (Collins 1971: 1007-1010).

Arbeitgeber nutzen also Bildung, um Personal auszuwählen, welches in den dominanten Statuskulturen sozialisiert wurde. Daraus bildet sich eine Elitenkultur, die sich selbst zu erhalten versucht, um kulturelle Werte zu reproduzieren. In der Geschichte geschah dies anfangs durch mächtige und autonome Statusgruppen. Zuerst war es die Religion, die Bildung übernahm, später waren es zunehmend Staat und Privatpersonen (Collins 1971: 1011).

Bildung wird also wichtig, wenn die Statuskultur von Statusgruppen, die in der Schule aufkommt, sich stark an der Kultur in den Statusgruppen orientiert und Einstellungen übernommen werden. Dies wird von Collins als mögliches Kontinuum zwischen Schul-Gruppen- und Arbeitgeber-Kultur konzeptualisiert. Bildungseliten werden als Mitglieder der Organisationseliten ausgewählt, wobei sich die Bildungselite über den Abschluss an einer Schule mit möglichst vielen Berufstätigen mit „Elitenbeschäftigungen" definieren, also eine Schule, deren Absolventen möglichst stark in die Elitengesellschaft sozialisiert ist (Collins 1971: 1012).

Für Collins bestehen Bildungsschichten, für Goldthorpe sind es Bildungsklassen. Unterschiede innerhalb der Bildungsschichten oder –klassen lassen sich durch die Kultur von Statusgruppen (Collins 1971: 1012), oder nach Goldthorpe durch kulturelles Kapital und dessen Reproduktion feststellen (Goldthorpe 1996: 488-489).

Als Ausblick prognostiziert Collins einen weiteren Anstieg der Bildungsanforderungen. Hier wird noch hinzugefügt: „The mobilisation of demands by minority groups for mobility opportunities through schooling can only contribute an extension oft he prevailing pattern." (Collins 1971: 1016). Also nur eine Erweiterung der vorherrschenden Muster kann die Mobilitätsmöglichkeiten für Minderheiten-Statusgruppen durch Bildung ändern.

Durch das von Collins Postulierte (S. 11) wird es deutlich, dass die Qualität der Bildung nur zweitrangig Ist und vor anderen (sozialstrukturellen) Merkmalen zurückstecken muss. An dieser Stelle warnt Goldthorpe vor einem Mangel der erwarteten positiven Folgen der Bildungsexpansion für die Reproduktion von kulturellem Kapital und macht deutlich, dass Klassenunterschiede weiterhin bestehen und sich besonders in den unteren Einkommensklassen der Gesellschaft präsentieren (Goldthorpe 1996: 489, 496-497).

Die Anwendbarkeit auf das Beispiel Deutschland ist bis zu einem bestimmten Punkt durch einen Arbeitsmarkt möglich, der dem US-amerikanischen (Collins) oder britischen (Goldthorpe) ähnelt, sowie „Sozialtrends", die in Folge von der (technisch bedingten) immer einfacheren Kommunikation zwischen den Gesellschaften übertragen werden können. Beide Theoretiker betonen jedoch weiterhin die Wichtigkeit des ökonomischen Kapitals, als eine Grundvoraussetzung für den Bildungserfolg der Kinder, wobei sich dessen Nicht-Vorhandensein besonders stark (in negativer Form) und schnell sichtbar auf die Bildungsleistung der Kinder auswirkt.

2.3 Ökonomisches, Human- und Sozialkapital (Coleman)

Von den zwei großen (Mikro- und Makro-) Strömungen in der Soziologie erhält besonders die Mikro-theoretische Einzug in wirtschaftswissenschaftliche Betrachtun-
gen, deren Ergebnisse (u.a. in Folge der gesellschaftlichen Ökonomisierung) eine
besondere Wichtigkeit besitzen. Hier kommt es häufig zur Darstellung des Individu-
ums als „Homo Oeconomicus" (Schimank 2010: 83-84). Hierfür wurde vom Soziologen Dahrendorf (1958) ein Gegenmodell, der „Homo Sociologicus" (Schimank 2010:
49-52) geschaffen, in welchem sich der Akteur in seinem Handeln an gesellschaftlichen Normen orientiert.

Coleman kritisiert sowohl Mikro-, als auch Makro Strömung dahingehend, dass eine
einseitige Betrachtung meist nicht ausreicht, da dadurch nicht alle Faktoren betrachtet werden können. Bei der Makro Betrachtung wird dazu geneigt den Akteur zu
übersozialisieren, wie es Wrong (1961) in „The Oversocialized Conception of Man in
Modern Society" ausdrückt (siehe „Homo Sociologicus"). Auf der anderen Seite steht
die Mikrobetrachtung, bei der die Handlungen von Akteuren durch einen mangelnden
sozialen Kontext stark eingeschränkt sind (siehe Homo Oeconomicus), weshalb Coleman es vorzieht die „rational action" der Wirtschaftswissenschaft in die Analyse von
Sozialsystemen einzubeziehen, ohne diese einzig und allein auf Wirtschaftssysteme
zu beschränken. Um dies zu tun, wird Soziales Kapital als begriffliches „Hilfsmittel"
eingesetzt. Es beschreibt in der Theorie der „rational action" die Kontrolle eines Ak-
teurs über bestimmte Ressourcen und das Interesse an bestimmten Ressourcen und
Ereignissen (Coleman 1988: 95-98). Zur Abgrenzung des Sozialkapitals zu anderen
Kapitalformen schreibt Coleman: „Just as physical capital is created by changes in
materials to form tools that facilitate production, human capital is created by changes
in persons that bring about skills and capabilities that make them able to act in new
ways. Social capital, however, comes about through changes in the relations
amoung persons that facilitate action." (Coleman 1988: 100). Es handelt sich also um
unterschiedliche Kapitalformen (Huinink 2008: 170-171), die ein Akteur besitzt, welche unterschiedliche Entstehungs- und Einflusstypen (auch auf Bildung(schancen))
besitzen. Das Sozialkapital (innerhalb und außerhalb der Familie) identifiziert verschiedenen Aspekte der Sozialstruktur nach ihren Funktionen, womit dessen Nutzen
sich als eine Hilfe, für das Erreichen eines bestimmten Einkommens, oder zum Mik-
ro-Makro Wandel äußern kann, ohne dabei die bestehenden Sozialstrukturen zu be-

arbeiten (Coleman 1988: 101). Dabei ist wichtig zu beachten, dass Sozialkapital nicht, wie sowohl physisches (bzw. ökonomisches Kapital), als auch Humankapital komplett miteinander austauschbar, jedoch für bestimmte Aktivitäten von Bedeutung sein kann. Es ist vielschichtig (geht immer aus den sozialen Strukturen hervor und ermöglicht den Akteuren bestimmte Handlungen), wird durch seine Funktionen definiert und kann sich für Individuen als Ressource äußern (Coleman 1988: 98). Das Gewicht der Verfügbarkeit der unterschiedlichen Kapitalformen, bzw. besonders einer Kapitalform, in der Familie, für die Bildungschancen der Kinder und die Form, in der sich die Kapitalformen bedingen, ist von Gesellschaft zu Gesellschaft unterschiedlich und wandlungsfähig.

Soziale Beziehungen stellen einen wichtigen Teil des Sozialkapitals dar, durch den Aspekte, wie Obligationen, Erwartungen und die Glaubwürdigkeit Wichtigkeit gewinnen und zusammen mit sozialem Handeln nach Coleman zu „credit slips" (Coleman 1988: 102) führen. Womit also eine Rückzahlungserwartung von etwas an jemanden gemeint ist (z.B. nach mehreren Gefallen, die Akteur A an B leistete, wird nun eine Gegenleistung von Akteur B erwartet). Die Individuen mit vielen dauerhaften Verpflichtungen, haben jederzeit ein hohes Sozialkapital, wobei sich dieses auch durch ein Informationspotential äußern kann. Der Belang eines solchen Informationspotentials liegt dann darin, dass durch Informationen Handlungen unterstützt werden, weshalb das Erhalten von guten Informationen auch kostspielig ist (Coleman 1988: 102-104). Dementsprechend ist Sozialkapital auch wichtig für das Ausbilden von Humankapital („[...] Aufwendungen, die dem Zweck der physischen Produktion und Reproduktion des Menschen, sowie der Hervorbringung von geistigen, ökonomischen, politischen Fähigkeiten oder Qualifikationen dienen" (Fuchs-Heinritz 1995: 281)) der nächsten Generation(-en). Besonders in der Familie spielen die drei Kapitalformen „finacial [...], human [...], and social capital" (Coleman 1988: 109), in Kombination mit der physischen Präsenz der Eltern und einer guten Beziehung zwischen Elternteil und Kind, eine große Rolle für das (Heraus)Bilden von Humankapital (Coleman 1988: 109-111). Mehrere Studien belegen hierzu die Bedeutung des ökonomischen Kapitals (vor den anderen Kapitalformen). Es wird wichtig für Statusgegenstände (oft grundlegende Dinge, wie z.B. Unterrichtsmaterialien), die sich wiederrum auf die anderen Kapitalformen auswirken.

Nach Coleman sollte nach öffentlichen Gütern gesucht werden, die sich dann in Sozialkapital zum Nutzen von Kindern und Jugendlichen äußern. Dies sollte geplant, durch eine zentrale Organisation geschehen (Coleman 1988: 118), wodurch der Möglichkeitsrahmen der intergenerationale Mobilität erweitert wird (Huinink 2008: 210-215, 218) und es nicht zu einer zu umfangreichen sozialen Reproduktion der

14

Eltern auf die Kinder kommt (Berger, Hank, Tölke 2011: 279-283), womit die Reproduktion von, für das Kind unvorteilhaften sozialstrukturellen Merkmalen, gemeint ist. Die Zugehörigkeit zu einer Einkommensschicht hat nämlich einen Einfluss auf das soziale Kapital außerhalb der Familie. Die unteren Schichten sind die weniger privilegierten und werden z.b. als Eltern, bei der Nutzung von Schulkontakten, im Gegensatz zu Eltern der Mittelschicht, seltener kollektiv handlungsfähig und häufiger ausgeschlossenen (Schlicht 2010: 44). Ein wichtiger Einflussfaktor für die Bildung einer Gesellschaft ist ihre Bildungspolitik. An dem Mehrebenenmodell von Coleman orientiert wird im folgenden Modell der Einfluss der Bildungspolitik im Makro-Mikro-Makro-Mechanismus präsentiert (Schlicht 2010: 54-55).

Abbildung 2.3.1: Makro-Mikro-Makro Mechanismus beim Einfluss der Bildungspolitik auf das Ausmaß der sozialen Bildungsungleichheit

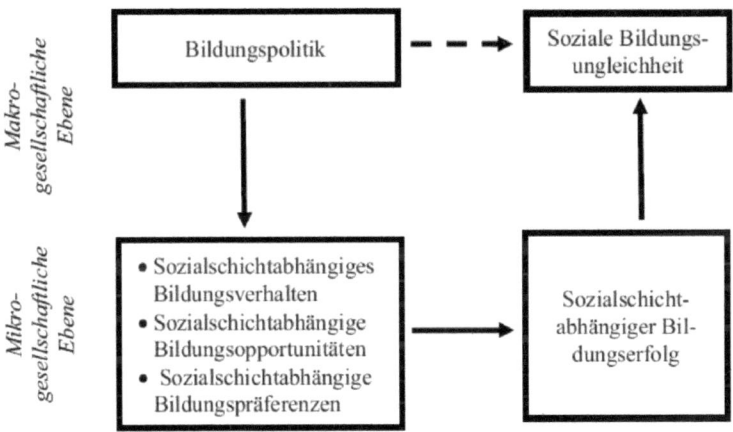

Quelle: Schlicht 2010: 54

Die Bildungspolitik (Makroebene) beeinflusst den Akteur auf der Mikroebene, wobei nach Analysen von Schütz und Wößmann die „frühkindlichen Bildung und eine[...] spät einsetzende[...] Differenzierung in verschiedene Schultypen [einen hemmenden Einfluss] auf die Bildungsungleichheit" (Schlicht 2010: 56) haben kann. Ein starker Privatschulsektor kann überdies Bildungsungleichheiten verringern, verstärkt werden sie jedoch durch hohe Ausgaben für Bildung. Auch scheint (nach Pfeffer) eine zunehmende Aufgliederung des Schulwesens die Bildungsungleichheit zu steigern (Schlicht 2010: 56). Alle Kapitalformen stehen in Wechselbeziehungen zueinander, sind somit für Bildungsungleichheiten (mit-)verantwortlich und werden durch Mikro-

und Makro-gesellschaftliche Prozesse beeinflusst. Dabei spielt auch der Migrationshintergrund eine akteurs- und situationsabhängige Rolle.

3. (Bildungs-)Ungleichheit durch einen Migrationshintergrund

Nachdem im vorangegangenen theoretischen Teil einige allgemeine und auch spezifischere Ansätze geliefert wurden, stellt sich die Frage: Sind die theoretischen Ansätze auf das Thema anwendbar und zutreffend?. Collins bezieht sich beispielsweise auf die amerikanische Gesellschaft, so wie auch andere Soziologen an und in der Gesellschaft forschen, in der sie leben. Viele Erfahrungswerte und Forschungsergebnisse über den Bildungs- und Erwerbserfolg können jedoch von den U.S. - amerikanischen, deutschen, französischen, oder englischen Gesellschaften aufeinander übertragen werden, da sich ihre Wirtschaftssysteme (die in Folge der Ökonomisierung aller Lebensbereiche an Wichtigkeit gewonnen haben) sehr ähneln und sich die Standards, bis hin zu Normen und Werten in diesen Gesellschaften, zunehmend durch Globalisierung, gesellschaftliche (Entwicklung zu einer Informationsgesellschaft) und technische Entwicklung (Verlagerung der Arbeitskräfte in den Tertiärsektor) angleichen.

Zu verkennen sind dabei jedoch nicht Faktoren, wie das landeseigene Schulsystem, oder die unterschiedlichen Bedeutungen der Ausprägung von Dimensionen und Determinanten sozialer Ungleichheit in den verschiedenen Ländern und ihren Regionen, sowie (grob) Klassen-, bis hin zu (fein) Milieumentalitäten.

Nach Havemann und West spielt in den USA für den Berufserfolg beispielsweise die Prominenz der Bildungseinrichtung eine größere Rolle, als die soziale Herkunft des Absolventen (Collins 1971: 1003). Für Coleman ist das Sozialkapital ein wichtiges Kriterium (ohne dabei die anderen Kapitalformen aus den Augen zu lassen), für Bourdieu Habitus und Doxa (sowie dadurch bedingtes ökonomisches, soziales und kulturelles Kapital). Nach Huinink spielen, neben den von Bourdieu beschriebenen (bereits benannte) Kapitalformen, auch noch die „unterschiedlichen Bildungs- und Berufsziele [eine Rolle], die Eltern aus unterschiedlichen sozialen Schichten für ihre Kinder haben" (Huinink 2008: 211).

Mit Sicherheit scheint nur zu sagen zu sein, dass bestimmte sozialstrukturelle Merkmale in einer gesellschafts-, persönlichkeits- und situationsbezogenen Form Einfluss auf (Aus-)Bildung und Beruf nehmen.

Die nun auftretende und im folgenden Kapitel zu klärende Frage lautet: „Ist ein Migrationshintergrund (neben Geschlecht, Alter, etc.) ein stark beeinflussendes sozialstrukturelles Merkmal in Bezug auf (Aus-)Bildung?".

3.1 Bildungsungleichheiten (durch Migrationshintergrund) in Deutschland

Der Anteil der Personen mit Migrationshintergrund an der Gesamtbevölkerung hat zwischen 2005 und 2009 in Folge sinkender Geburtenraten, zugenommen. Somit hatten 2009 von den 81,9 Mio Einwohnern Deutschlands 15,7 Mio einen Migrationshintergrund, wobei 46,4 % dieser 15,7 Mio Einwohner zwischen 15 und 45 Jahren alt war, wogegen bei der Bevölkerung ohne Migrationshintergrund nur 36,8% in diesem Altersbereich lagen (Matzner 2012: 24-27). Dadurch wird die zunehmende Bedeutung der Integration (unterschiedliche Formen von Integration nach Eisenstadt und Eingliederung von Wanderern nach Esser in (Han 2005: 338-347)) von Bürgern mit Migrationshintergrund deutlich, woraufhin/währenddessen Probleme in den Medien stilisiert werden (z.B. aus dem Konservativismus heraus, der die Gefahr einer Tendenz zum Nationalismus in sich birgt, wie es z.Z. in vielen europäischen Staaten zu bemerken ist), um die Gesellschaft in eine inkonsequente Diskussion einzubeziehen, die politischen Entscheidungen zu bekräftigen und Kapital aus skandalösen Veröffentlichungen zu schlagen.

Wie wirken sich jedoch (nicht nur räumliche) Assimilations- oder Segregationsprozesse aus, oder befinden wir uns schon in einer pluralistischen Gesellschaft, in der solche Begriffe der „Chicagoer Schule", in ihrem Ursprungskontext, schon als zu biologisch und nicht tiefgründig genug gelten? Von der Annahme ausgehend, dass wir (als logische Folge von negativer Geburtenentwicklung und dem ökonomischen System) in einer pluralistischen Gesellschaft leben (werden), ist eine vollständige Assimilation von Einwanderern gar nicht mehr nötig und ein bestimmtes Maß an Segregation, dem Ausbau der Vielfalt und Weiterentwicklung der Gesellschaft sogar erwünscht (Fassmann, Kohlbacher, Reeger 2002: 17-20).

Die zukünftigen Metropolen werden aufgrund von internationaler Arbeitsteilung und der demografischen Notwendigkeit von Einwanderern zunehmend multikultureller und multiethnischer. Jedoch ist die „Reproduktion der Stadtbevölkerung durch Zuwanderer [...] [kein] konfliktfreier Prozess." (Fassmann, Kohlbacher, Reeger 2002: 24), bei dem Verteilungskonflikte ausgetragen und die Gültigkeit von Werten und Normen in Frage gestellt werden können (Fassmann, Kohlbacher, Reeger 2002: 23-24).

Allgemein lässt sich sagen, dass der sozioökonomische Berufsstatus, das kulturelle Kapital und die Herkunft der Eltern für den Bildungserfolg der Kinder (angefangen mit dem Besuch eines Gymnasiums), im deutschen Bildungssystem, von starker Bedeutung sind. Befindet sich eine Familie im untersten sozioökonomischen Statusbereich, dann wird es beinahe unmöglich die ungünstige strukturelle Situation zu kompensieren. In Migrationsfamilien spielt „offenkundig das Bildungskapital der Eltern die ausschlaggebende Rolle, wenn es um die Bildungschancen der nachfolgenden Generation geht" (Georg 2006: 308). Hier kommen zum einen Sprachkompetenzen zur Gewichtung, als auch die eingeschränkte berufliche Varianz bei Zugewanderten, die sich auf die Kinder auswirkt (Georg 2006: 292-308).

Aus Umfrageergebnisse, wie die von einer Jugendbefragung der Universität Oldenburg, geht hervor, dass sich Jugendliche (vor allem mit Migrationshintergrund) in der Schule ungleich behandelt fühlen (Steinbach 2009: 71-81). Eine ungleiche Behandlung kann auf die ungleiche (soziale) Herkunft zurückzuführen sein (Steinbach 2009: 82-86). Ich vermute, dass es ein Zusammenspiel aus allen bisherigen Fakten ist, welches in der Gesellschaft immer wieder reproduziert wird und z.B. dafür sorgte, dass 2009 von den Personen ohne Schulabschluss 14,3 % einen Migrationshintergrund hatten. Im Vergleich dazu hatten nur 1,8 % der Personen ohne Migrationshintergrund keinen Schulabschluss.

Abbildung
3.1.1

2 Geburten

2.15 Lebendgeborene nach Staatsangehörigkeit (deutsch/ausländisch) und nach Staatsangehörigkeit (deutsch/ausländisch) der Eltern

Jahr	Insgesamt	Mit deutscher Staatsangehörigkeit [1]							Mit ausländischer Staatsangehörigkeit		
		zusammen	Eltern ausländisch [2]	Mindestens ein Elternteil deutsch					zusammen	Eltern verheiratet	Eltern nicht verheiratet
				Eltern verheiratet			Eltern nicht verheiratet				
				Eltern Deutsche	Vater Deutscher, Mutter Ausländerin	Mutter Deutsche, Vater Ausländer	Mutter Deutsche	Mutter Ausländerin, Vater Deutscher [1]			
Deutschland											
1991	830 019	739 266	X	583 986	17 190	21 467	116 623	.	90 753	82 189	8 564
1992	809 114	708 996	X	558 312	18 626	21 749	110 309	.	100 118	89 979	10 139
1993	798 447	695 573	X	546 635	20 227	21 904	106 807	.	102 874	91 397	11 477
1994	769 603	668 875	X	517 964	21 641	22 226	107 044	.	100 728	89 312	11 416
1995	765 221	665 507	X	506 847	23 948	23 498	111 214	.	99 714	88 052	11 662
1996	796 013	689 784	X	513 624	27 192	26 205	122 763	.	106 229	93 292	12 937
1997	812 173	704 991	X	514 864	29 438	28 246	132 443	.	107 182	93 792	13 390
1998	785 034	684 977	X	481 736	31 052	28 859	143 330	.	100 057	86 270	13 787
1999	770 744	675 528	X	457 588	32 523	30 000	155 417	.	95 216	79 999	15 217
2000	766 999	717 223	41 257	441 500	36 206	32 410	163 086	2 764	49 776	39 193	10 583
2001	734 475	690 302	38 600	410 663	37 718	32 498	167 680	3 143	44 173	34 463	9 710
2002	719 250	677 568	37 568	390 764	41 000	32 226	170 915	4 069	41 425	31 714	9 711
2003	706 721	667 366	36 819	374 321	43 483	34 685	173 305	4 753	39 355	30 018	9 337
2004	705 622	669 408	36 963	366 219	45 841	35 912	178 992	5 581	36 214	27 012	9 202
2005	685 795	655 534	40 156	347 336	46 003	35 025	181 105	5 909	30 261	21 644	8 617
2006	672 724	643 548	39 089	335 190	46 295	34 340	182 525	6 109	29 176	20 800	8 376
2007	684 862	653 523	35 666	338 684	46 600	35 006	190 979	6 588	31 339	22 445	8 894
2008	682 514	648 632	30 336	334 869	44 398	33 836	198 361	6 828	33 882	24 458	9 424
2009	665 126	632 415	28 977	323 953	42 568	32 856	196 651	7 410	32 711	23 822	8 889
2010	677 947	644 463	29 492	328 293	42 768	33 085	203 089	7 736	33 484	23 557	9 927
2011	662 685	630 745	31 091	318 016	41 425	31 058	201 253	7 902	31 940	21 730	10 310

Quelle: Statistisches Bundesamt 2013

Mehr als doppelt so viele Personen mit Migrationshintergrund (43,4 %), im Vergleich zu solchen ohne Migrationshintergrund (19,2%), hatten keinen Berufsabschluss und mehr als doppelt so viele Bürger mit Migrationshintergrund (12,7 %, ohne Migrationshintergrund 6,2%) waren in einem Alter zwischen 25 und 65 Jahren erwerbslos (Matzner 2012: 30-31). Hinzu kommt, dass Personen mit Migrationshintergrund seltener in karriereträchtige berufliche Positionen kommen, dementsprechend geringere Einkommen haben und auch häufiger auf Transferzahlungen angewiesen sind (Matzner 2012: 35-36).

Fragwürdig, wie in *Abbildung 3.1.1* anhand der Lebendgeborenen nach Staatsangehörigkeit in Deutschland gezeigt wird, erscheint die Ablehnung und der Ausschluss von Migranten(-kindern), wenn davon ausgegangen wird, dass die absolute Geburtenziffern zwischen 1991 und 2011 gesunken ist, ebendiese von Frauen aus multikulturellen Familien (ein Elternteil ist Ausländer), welche Kinder mit deutscher Staatsbürgerschaft hervorbringen, jedoch im Vergleich, in diesem Zeitraum relativ konstant geblieben sind, wodurch die Kinder dieser Familien „die Zukunft des Landes" darstellen werden (Statistisches Bundesamt 2013: 65).

Bei der Interpretation dieser Effekte wird häufig von einer Angst der „Überfremdung" gesprochen, die durch Metaphern, wie „Einwandererflut" oder „Flüchtlingsschwemme" in den Medien unterstrichen wird (Rieker 1997: 63-75).

Ein Zusammenhang kann historisch auf Gruppendenken (durch Gruppenexperimente durch Sherif untersucht) und einen gesellschaftlichen Ethnozentrismus (von Sumner postuliert), oder nach Freud auf den „Narzissmus der kleinen Differenzen" (Abels 2001 B: 287) zurückgeführt werden (Abels 2001 B: 284-287). Dieser äußert sich in einem Prozess (der durch Elias und Scotson durch ein Gruppenexperiment gezeigt wurde) des Aufwertens der Gruppe, der sich das Individuum zugehörig fühlt, durch Abgrenzen und Abwertung(-en) von Fremdgruppen (Rieker 1997: 75, Abels 2001 B: 287). Auch ist Ethnozentrismus eine Form der Machterhaltung durch die „Stigmatisierung von Außenseitern" (Abels 2001 B: 288) und taucht in einer einfachen Form schon in der Kindheit in Kinderbüchern, -filmen, -serien und -spielen auf und vermittelt Bilder eines, nicht allzu selten negativ dargestelltem Fremden („Wer hat Angst vorm schwarzen Mann?").

Abschließend ist zu sagen, dass es keine Determinante sozialer Ungleichheit gibt, die sich omnipräsent auf alle messbaren und nichtmessbaren Einflussfaktoren zum Erreichen eines Bildungserfolgs auswirkt. Die stärkste Dimension scheint dagegen die ökonomische zu sein, da durch sie eine bestimmte Chancengleichheit überhaupt erst möglich wird. Dass in Deutschland eine Bildungsungleichheit besteht, die auf

Herkunft zurückzuführen ist, ist eindeutig. Im Interesse der gesamtgesellschaftlichen Zukunft sollte diese Bildungsungleichheit minimiert werden.

4. Fazit

Die Bedeutung von Bildung und dementsprechend auch der Grad der (Weiter-)Bildung in der Bevölkerung hat in Deutschland, und technisch ähnlich entwickelten Ländern, zugenommen und wird voraussichtlich auch weiter zunehmen (Collins 1971: 1004).

Nach Collins nutzen Arbeitgeber Bildung, um Personal auszuwählen, welches in den dominanten Statuskulturen sozialisiert wurde (Collins 1971: 1011). Es ist also bei der Aussicht auf das Erreichen einer Statusposition und dadurch auch einem bestimmten Grad der Macht (in Form von sozialem Einfluss, Prestige (soziale Dimension) und den verschiedenen Kapitalformen), nicht nur die Rede von Humankapital, welches durch eine übliche Bildungslaufbahn erreicht wurde, sondern es werden Ausprägungen der Dimensionen und Determinanten sozialer Ungleichheit wichtig, wie z.b. das Prestige der besuchten Bildungseinrichtung(-en), die (Art der) Sprache, Outfit und Manieren, wobei jedoch nach Weber und Collins technisches Wissen zweitrangig ist (S. 9).

Durch einen Migrationshintergrund kann es zu Problemen und Konflikten mit solchen Determinanten, Dimensionen und ihre unterschiedlichen Ausprägung(-sform)en kommen. Zum Beispiel können „kulturelle Ziele" (Huinink 2008: 102) von Migranten ganz anderer Art sein, als solche der Einwanderungsgesellschaft. Auch werden Migranten vor (u.U. auch nach) dem Erhalt der Staatsbürgerschaft eine andere Ausprägung der ökonomischen, wohlfahrtsstattlichen und emanzipatorischen Dimensionen, und voraussichtlich einen (noch) längeren Zeitraum für die Ausgestaltung der sozialen Dimension sozialer Ungleichheit vorzuweisen haben.

Hier beeinflussen sich auch Dimensionen und Determinanten sozialer Ungleichheit im Wechselspiel: z.B. werden durch die Wohn(umwelt)bedingungen (wohlfahrtsstaatliche Dimension) auch die sozialen Beziehungen (soziale Dimension) beeinflusst.

Fakt ist, dass das deutsche Bildungssystem und die Integration von Lernenden in ein solches noch nicht die Grenzen ihrer Entwicklung erfahren haben und ausbaufähig sind.

Nach seinem Besuch schrieb der UN-Beauftragte Vernor Munoz „Die Unterstützung und Förderung von Schüler[inne]n mit Migrationshintergrund scheint in anderen Ländern erfolgreicher zu verlaufen, als in Deutschland." (Steinbach 2009:30). Des Weiteren werden die „mangelnde Chancengleichheit des deutschen Bildungssystems"

(Steinbach 2009:31) und das frühe Einstufen von Kindern in die Sekundarstufe I kritisiert, da sie zu Ausschlusseffekten bei Kindern mit Migrationshintergrund führen können. Empfohlen werden deshalb eine kostenfreie Möglichkeit vorschulischer Bildung für alle Kinder, aber auch Unterstützung in pädagogischen, sozialen und ökonomischen Bereichen (z.b. adäquate Sprachförderung für Kinder mit Sprachproblemen), also allgemeine Verbesserungen des Bildungssystems, bei denen der Staat den ersten Schritt machen muss (Steinbach 2009:30-31).

Schon Luhmann war der Ansicht, dass das Reduzieren von Komplexität der Gesellschaft ihre Hauptaufgabe ist (S. 6). Im Bildungssystem könnte damit durch einfachere und (landesweit) einheitliche Strukturen mit einer qualitativ höheren Bildung (und wenn möglich Gleichberechtigung) begonnen werden.

Die Folgen der mangelnden Präsenz des Wohlfahrtsstaates im Bildungsbereich werden schon seit mehreren Jahren in der ungleichen Besetzung von Statuspositionen in der Gesellschaft und beispielsweise in den Großstädten anhand der sogenannten „Problembezirken" sichtbar, die an eine abgeschwächte Form der Ghettoisierung in den U.S.A. erinnern.

Abschließend stellen sich mir Fragen zu der These, dass u.a. der Einfluss des Migrationshintergrundes eine Kollision des kulturellen und sozialen Kapitals verursachen kann, negative gesellschaftliche Statuseinschätzung und -achtung reproduzierbar sind und weitere (langfristige problemerzeugende) Folgen haben können. Eine weitere Untersuchung der Auswirkungen solcher sozialstruktureller, makro- und mikrosoziologischer (und dementsprechend auch psychologisch) bedingter Differenzen, als weitere Ursachen von Chancenungleichheiten im (deutschen) Bildungssystem, würde den Rahmen der Hausarbeit jedoch sprengen.

Auf dem Weg in eine pluralistische und dementsprechend multikulturelle Gesellschaft müssen bestehende Chancenungleichheiten (aufgrund von Migration) zur Verbesserung der Gesellschaft und dem Einhalten der Menschenrechte beseitigt werden. Dies sehe ich jedoch eher als längerfristigen Prozess, dessen finanzielle Förderung wahrscheinlich erst nach entsprechenden Folgen der mangelnden Behandlung des Problems eintritt.

5. Literaturverzeichnis

Internetquellen:

Herzog-Stein, Alexander / Keller, Berndt / Seifert, Hartmut. 2009. Atypische Beschäftigung, prekäre Arbeitsbedingungen und langfristige Effekte. https://www.destatis.de/DE/UeberUns/Veranstaltungen/VeranstaltungenArchiv/Beitra gHerzog.html (Zugegriffen: 23.02.2014).

Statistisches Bundesamt. 2013. Bevölkerung und Erwerbstätigkeit. Natürliche Bevölkerungsbewegung. https://www.destatis.de/DE/Publikationen/Thematisch/Bevoelkerung/Bevoelkerungsb ewegung/Bevoelkerungsbewegung.html (Zugegriffen: 05.03.2014).

Wikipedia. 2014. James Samuel Coleman. Das Modell des Makro-Mikro-Makro Schemas. http://de.wikipedia.org/wiki/James_Samuel_Coleman (Zugegriffen: 05.03.2014).

Journal Artikel:

Coleman, James Samuel. 1988. Social Capital in the Creation of Human Capital. *American Journal of Sociology* 94: 95-120.

Collins, Randall. 1971. Functional and Conflict Theories of Educational Stratification. *American Sociological Review* 36: 1002-1019.

Goldthorpe, John Harry. 1996. Class Analysis and the Reorientation of Class Theory: The Case of Persisting Differentials in Educational Attainment. *The British Journal of Sociology* 47: 481-505.

Monografien:

Abels, Heinz. 2001. *Einführung in die Soziologie. Der Blick auf die Gesellschaft.* Wiesbaden: Westdeutscher Verlag.

Abels, Heinz. 2001. *Einführung in die Soziologie. Die Individuen in ihrer Gesellschaft.* Wiesbaden: Westdeutscher Verlag.

Berger, Peter A./ Hank, Karsten/ Tölke, Angelika. 2011. *Reproduktion von Ungleichheit durch Arbeit und Familie.* Wiesbaden: Springer Fachmedien.

Böhlke, Effie/Rilling, Rainer. 2007. *Bourdieu und die Linke. Politik-Ökonomie-Kultur.* Berlin: Karl Dietz Verlag.

Fassmann, Heinz/ Kohlbacher, Josef/ Reeger, Ursula. 2002.*Zuwanderung und Segregation. Europäische Metropolen im Vergleich.* Klagenfurt: Drava Verlag.

Fuchs- Heinritz, Werner. 1995. *Lexikon zur Soziologie.* Wiesbaden: Opladen – Westdeutscher Verlag.

Georg, Werner. 2006. *Soziale Ungleichheit im Bildungssystem. Eine empirisch-theoretische Bestandaufnahme.* Konstanz: UVK Verlagsgesellschaft.

Han, Petrus. 2005. *Soziologie der Migration.* Stuttgart: Lucius & Lucius.

Huinink, Johannes/ Schröder, Torsten. 2008. *Sozialstruktur Deutschlands.* Konstanz: UVK Verlagsgesellschaft.

Rieker, Peter. 1997. *Ethnozentrismus bei jungen Männern. Fremdenfeindlichkeit und Nationalismus und die Bedingungen ihrer Sozialisation.* Weinheim/ München: Juventa Verlag.

Schimank, Uwe. 2010. *Handeln und Strukturen. Einführung in die akteurtheoretische Soziologie.* Weinheim/München: Juventa Verlag.

Schlicht, Raphaela. 2010. *Determinanten der Bildungsungleichheit. Die Leistungsfähigkeit von Bildungssystemen im Vergleich der deutschen Bundesländer.* Wiesbaden: VS Verlag.

Steinbach, Anja. 2009. *Welche Bildungschancen bietet das deutsche Bildungssystem für Kinder und Jugendliche mit Migrationshintergrund?.* Oldenburg: BIS-Verlag.

Treibel, Annette. 2006. *Einführung in die soziologischen Theorien der Gegenwart. Einführungskurs Soziologie.* Wiesbaden: Springer Science+Buisness Media.

Sammelwerk:

Matzner, Michael. 2012. *Handbuch. Migration und Bildung.* Weinheim/ Basel: Beltz Verlag.

6. Anhang

Abbildung 6.1: Atypische Beschäftigungen in Deutschland 1992 - 2009

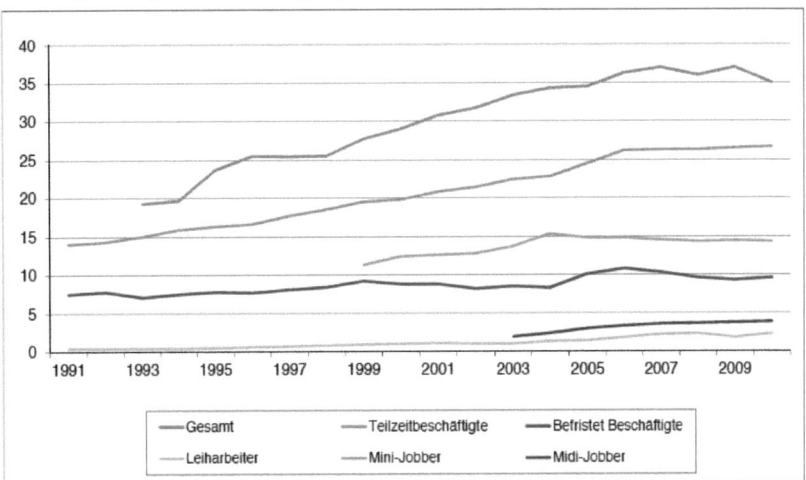

https://www.destatis.de/DE/UeberUns/Veranstaltungen/VeranstaltungenArchiv/BeitragHerzog.html (Zugegriffen: 23.02.2014)